HIMNO AMERICANO

UNA CANCIÓN PARA NUESTRA NACIÓN

Letra por **Gene Scheer**

Traducido por **Andrea Montejo**

Arte por

Fahmida Azim, Elizabeth Baddeley, Matt Faulkner, Michelle Lee, Rafael López, Veronica Miller Jamison, Christine Almeda, Edel Rodriguez, James McMullan, Laura McGee Kvasnosky & Kate Harvey McGee, London Ladd, y Jacqueline Alcántara

PHILOMEL

NOTA DE LA TRADUCTORA

En inglés es común referirse a los Estados Unidos como *America*. Sin embargo, para los millones de inmigrantes que hemos llegado de países al sur del río Bravo, la palabra "América" se refiere a todo un continente, no un solo país. Es por eso que en esta traducción hemos decidido traducir *America* como "Estados Unidos" que, a pesar de no tener la misma musicalidad que en la letra original de *American Anthem* es sin embargo el término más acertado para los lectores en español de este texto.

PHILOMEL BOOKS
An imprint of Penguin Random House LLC, New York

First published in the United States of America by Philomel Books,
an imprint of Penguin Random House LLC, 2021

Text and music copyright © 1998 by Gene Scheer
Illustrations copyright © 2021 by individual artists, as follows: Fahmida Azim (pg. 4–5), Elizabeth Baddeley (pg. 6–7), Matt Faulkner (pg. 8–9), Michelle Lee (pg. 10–11), Rafael López (pg. 12–13), Veronica Miller Jamison (pg. 14–15), Christine Almeda (pg. 16–17), Edel Rodriguez (pg. 18–19), James McMullan (pg. 20–21), Laura McGee Kvasnosky & Kate Harvey McGee (pg. 22–23), London Ladd (pg. 24–25), and Jacqueline Alcántara (pg. 26–27)
Translation copyright © 2021 by Penguin Random House LLC

Visit us online at penguinrandomhouse.com.

Library of Congress Cataloging-in-Publication Data is available.

Manufactured in China
ISBN 9780593463574
10 9 8 7 6 5 4 3 2 1

RRD

Edited by Jill Santopolo and Talia Benamy
Design by Ellice M. Lee
Text set in Hoefler Text

Para Kristina, con mi amor.
—*Gene Scheer*

Para mi ammu y abbu,
que vinieron a Estados Unidos con el sueño de que su hijo tuviera una
licencia médica, un billón de dólares y una hipoteca pagada, pero no
consiguieron más que una dedicatoria en este libro.
—*Fahmida Azim*

Dedicado a la memoria de mi tía Ann,
una mujer que tenía un amor profundo por su país y que tejió historias desde su corazón.
—*Elizabeth Baddeley*

Para mi Kris. Siempre.
—*Matt Faulkner*

En memoria de mi halmoni, Hyang-Nan Wee,
una mujer que disfrutaba de los dulces y los fideos fríos picantes,
que encarnaba la fuerza, la valentía y la perseverancia, y que se convirtió
en ciudadana estadounidense a la edad de setenta y seis años.
—*Michelle Lee*

A los cazadores de sueños.
—*Rafael López*

Para mis abuelas, Veronica y Ruby Lee, y las mujeres
que las parieron y las criaron: Cecilia, Priscilla, Inez y Lucy.
—*Veronica Miller Jamison*

Para mi mamá, Reza, generosa en fe y esperanza.
—*Christine Almeda*

Para mis padres, Cesareo y Coralia Rodríguez;
los riesgos que tomaron en busca de la libertad me dieron vida.
—*Edel Rodriguez*

Para Arthur y Lily.
—*James McMullan*

Para los cultivadores y tenderos, los jardineros y los espigadores.
—*Laura McGee Kvasnosky & Kate Harvey McGee*

Para mi maravillosa y única madre, Victoria: te amo y te extraño todos los días.
—*London Ladd*

Para todos aquellos que consideran que este país es su hogar.
—*Jacqueline Alcántara*

El trabajo y las oraciones

De muchos siglos

Nos han traído hasta este destino

¿Qué será nuestro legado?

¿Qué dirán nuestros hijos?

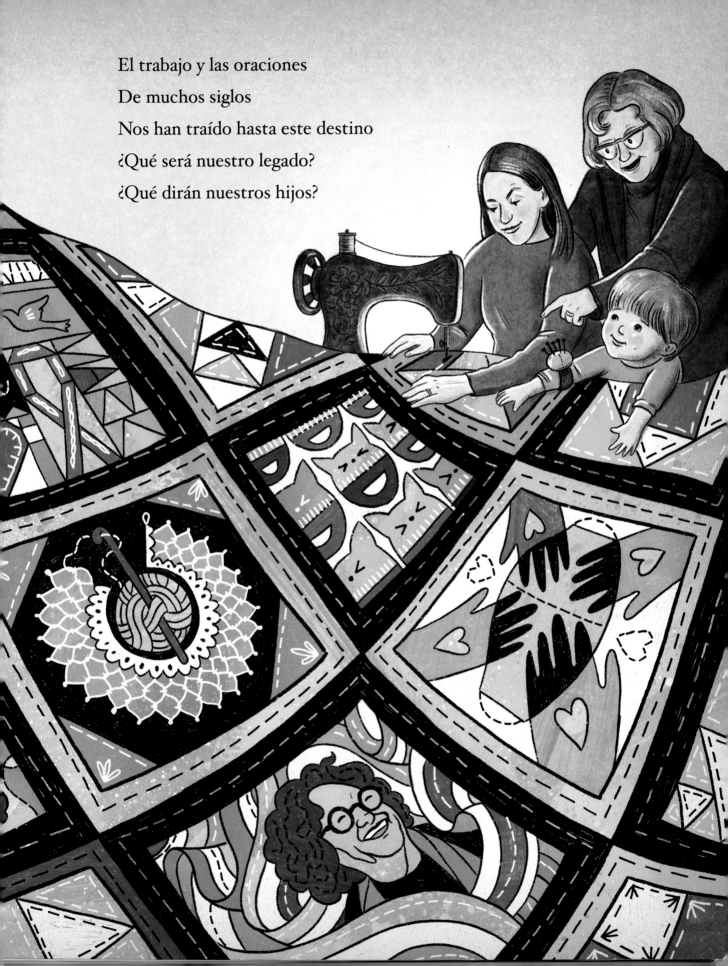

Que digan de mí
Que fui quien creyó
En compartir las
bendiciones
Que recibió

En mi corazón quiero saber

Que cuando terminen mis días

Estados Unidos

Estados Unidos

Te di lo mejor de mi vida

Cada generación de las llanuras

A la costa lejana llegó

Con los regalos que recibió

Estaban decididos

A dejar siempre más

Valientes batallas peleadas codo con codo
Actos de consciencia peleados a solas

Estas son las semillas

De las que Estados Unidos brotó

Que digan de mí

Que fui quien creyó

En compartir las bendiciones

Que recibió

En mi corazón quiero saber
Que cuando terminen mis días
Estados Unidos
Estados Unidos
Te di lo mejor de mi vida

Aquellos que piensen

Que no tienen nada para compartir

Que en su corazón temen

Que no hay héroe allí

Que sepan que cada acto silencioso

De dignidad

Es lo que fortalece

El alma de una nación

Que nunca muere

Que digan de mí
Que fui quien creyó
En compartir las bendiciones
Que recibió

En mi corazón quiero saber
Que cuando terminen mis días

Estados Unidos

Estados Unidos

Te di lo mejor de mi vida

1. All we've been given
   By those who came before
   The dream of a nation
   Where freedom would endure

   The work and prayers
   Of centuries
   Have brought us to this day
   What shall be our legacy?
   What will our children say?

   Let them say of me
   I was one who believed
   In sharing the blessings
   I received

   Let me know in my heart
   When my days are through
   America
   America
   I gave my best to you

2. Each generation
   From the plains to distant shore
   With the gifts that they were given
   Were determined to leave more

   Valiant battles fought together
   Acts of conscience fought alone
   These are the seeds
   From which America has grown

   Let them say of me
   I was one who believed
   In sharing the blessings
   I received

   Let me know in my heart
   When my days are through
   America
   America
   I gave my best to you

3. For those who think
   They have nothing to share
   Who fear in their hearts
   There is no hero there

   Know each quiet act of dignity
   Is that which fortifies
   The soul of a nation
   That never dies

   Let them say of me
   I was one who believed
   In sharing the blessings
   I received

   Let me know in my heart
   When my days are through
   America
   America
   I gave my best to you

American Anthem

Words and Music by
GENE SCHEER

FAHMIDA AZIM ha ilustrado muchos libros, incluyendo su galardonado debut, *Muslim Women Are Everything*. Fahmida vive y crea en Seattle, Washington. Visita su obra en fahmida-azim.com y síguela en Twitter o en Instagram @fahmida_azim.

ELIZABETH BADDELEY ha ilustrado muchos libros acerca de personas extraordinarias, incluyendo *I Dissent* un libro bestseller según el *New York Times*. Cuando más feliz se siente es cuando está afuera explorando el mundo con su cuaderno de dibujos pero ha pasado gran parte de la pandemia de COVID-19 aprendiendo a coser. Elizabeth vive en Kansas City, Missouri, con su esposo, su hijo pequeño y una variedad de amigos peludos. Puedes visitarla online en ebaddeley.com y seguirla en Instagram @eabaddeley.

MATT FAULKNER ha elaborado las palabras y los dibujos de más de cuarenta libros para niños. Le encanta crear obras para libros tanto históricos como fantásticos y hace lo mejor que puede para no confudirlos. Matt vive con su esposa, la autora Kristen Remenar, sus hijos y un gato en la esquina inferior derecho de la manopla de Michigan. Matt te invita a pasar a visitarlo a su página web: mattfaulkner.com.

MICHELLE LEE es una ilustradora coreana-americana de Los Ángeles cuyo trabajo incluye *My Love for You Is Always* por Gillian Sze y *Chloe's Lunar New Year* por Lily LaMotte. Michelle encuentra su inspiración en la naturaleza, su familia y sus recuerdos de infancia. ¡Síguela en línea en mklillustration.com!

RAFAEL LÓPEZ es un artista reconocido internacionalmente que ha ilustrado muchos libros ilustrados aclamados como *Just Ask! Be Different, Be Brave, Be You* por Sonia Sotomayor; *Dancing Hands: How Teresa Carreño Played the Piano for President Lincoln* por Margarita Engle; y *The Day You Begin* por Jacqueline Woodson, entre otros. Vive en San Diego y en México central. Visítalo en rafaellopez.com.

VERONICA MILLER JAMISON es una ilustradora y diseñadora de patrones de superficie que vive en Filadelfia. Formada como diseñadora de modas, Veronica ha creador arte y patrones para Hallmark, la revista *Essence* y Lilly Pulitzer. Ilustró el libro *A Computer Called Katherine*, escrito por Suzanne Slade (Little, Brown, 2019), y *This Is a School*, escrito by John Schumacher, también conocido como "Mr. Schu" (Candlewick, 2022). Para ver más acerca de su trabajo, encuéntrala en línea en veronicajamisonart.com y en Instagram @veronicajamisonart.

CHRISTINE ALMEDA, ilustradora y diseñadora de personajes independiente, es filipino-americana de Nueva Jersey. Le encantan los libros para niños y ha trabajado en varios libros para jóvenes lectores. Christine cree en el poder de la creatividad y en contar historias diversas, y sabe que el arte puede hacer que la vida sea más bella. Puedes visitarla en línea en christinealmeda.com y encontrarla en Twitter e Instagram @eychristine.

EDEL RODRIGUEZ nació en La Habana, Cuba, y se crió en El Gabriel, un pueblo pequeño rodeado de campos de tabaco y caña de azúcar. En 1980 Rodríguez y su familia partió hacia Estados Unidos en el Mariel. Se instalaron en Miami donde Rodríguez descubrió la cultura pop americana por primera vez. La justicia social, el arte de cartels y la publicidad occidental son aspectos de su vida que siguen influenciando su obra. Visita a Edel en línea en edelrodriguez.com and find him on Twitter @edelstudio y en Instagram @edelrodriguez.

JAMES McMULLAN ha creados imágenes para revistas, libros para adultos y niños, películas animadas y sellos estadounidenses. Pero es más conocido por los más de ochenta cartels que ha diseñado para el teatro de Lincoln Center, al igual que su libro de memorias ilustrado titulado *Leaving China*. Encuéntralo online en jamesmcmullan.com y síguelo en Instagram @jamesmcmullanart.

Las hermanas **LAURA McGEE KVASNOSKY** y **KATE HARVEY McGEE** crecieron en Sonora, California. Primero llegaron a amar la belleza de Estados Unidos allí en las estribaciones de la Sierra y allí fue donde aprendieron de su padre, que tenía una enorme bandera estadounidense sobre la oficina de su periódico en Main Street Kate es una reconocida artista que pinta con pasteles y vive en las montañas de la costa de Oregon. Laura vive en Seattle y es la galardonada creadora de más de veinte libros para niños. Juntas ilustraron los tres últimos libros: *Little Wolf's First Howling*, *Squeak!*, y *Ocean Lullaby*. Visítalas en línea en khmland.com (para Kate) y LMKBooks.com (para Laura).

LONDON LADD ha ilustrado numerosos libros para niños aclamados por la crítica. Utiliza una mezcla única de técnicas en la que combina papel cortado texturizado con pintura acrílica, papel de seda, lápices de colores, pluma y tinta, y toques digitales para dar vida a sus diversos sujetos. Cada imagen está y approach combining cut paper textured with acrylic paint, tissue paper, colored pencil, pen & ink and touches of digital to bring his diverse subjects to life. Cada imagen está impregnada de intensidad y emoción, un reflejo del propio artista. Visita a London en londonladd.com y síguelo en Instagram @ london.ladd.

JACQUELINE ALCÁNTARA es la aclamada y galardonada ilustradora de *The Field* por Baptiste Paul, *Freedom Soup* por Tami Charles, *Jump at the Sun* por Alicia D. Williams, y *Your Mama* por NoNieqa Ramos. Sus libros han aparecido en las listas de los mejores libros del año de varios medios comerciales, se han incluído en la lista de Kids IndieNext, y han recibido múltiples reseñas destacadas. Encontrarás a Jacqueline en su página web jacquelinealcantara.com, o puedes seguirla en Twitter o en Instagram @_jacqueline_ill